Victoire EYOBI

Revenir à l'Essentiel

Victoire EYOBI

Revenir à l'Essentiel

Deux clés pour l'effusion du Saint-Esprit

Éditions Croix du Salut

Imprint

Any brand names and product names mentioned in this book are subject to trademark, brand or patent protection and are trademarks or registered trademarks of their respective holders. The use of brand names, product names, common names, trade names, product descriptions etc. even without a particular marking in this work is in no way to be construed to mean that such names may be regarded as unrestricted in respect of trademark and brand protection legislation and could thus be used by anyone.

Cover image: www.ingimage.com

Publisher:
Éditions Croix du Salut
is a trademark of
Dodo Books Indian Ocean Ltd. and OmniScriptum S.R.L publishing group

120 High Road, East Finchley, London, N2 9ED, United Kingdom
Str. Armeneasca 28/1, office 1, Chisinau MD-2012, Republic of Moldova, Europe
Printed at: see last page
ISBN: 978-620-6-16991-8

« *Mais vous recevrez une puissance, le Saint-Esprit survenant sur vous, et vous serez mes témoins à Jérusalem, dans toute la Judée, dans la Samarie, et jusqu'aux extrémités de la terre.* »

Actes 1, 8

DEDICACE

Je dédie cet ouvrage à tous ceux qui aiment le Saint-Esprit et qui apprécient sa compagnie dans le ministère des temps de la fin.

Qu'ils trouvent dans cet ouvrage un réconfort puissant pour leur permettre d'aller jusqu'au bout de leur mission de propager la bonne nouvelle à toutes les nations pour le salut des âmes.

Ce n'est pas en vain que Jésus a insisté aux disciples d'attendre le revêtement avant de se lancer avec succès dans le ministère. Car le Saint-Esprit vient pour nous qualifier, selon Ephésiens 4, 11-12, et nous combler de ses dons pour l'œuvre du ministère (1 Corinthiens 12, 1-6). Un équipement dont nous avons impérativement besoin pour témoigner Jésus-Christ avec puissance, faire taire les manœuvres de l'ennemi et anéantir ses ruses.

Que cet ouvrage nous aide, comme les premiers apôtres, à revenir à l'essentiel pour un témoignage puissant à l'image des chrétiens de l'Eglise primitive dont les vies ont été systématiquement transformées sous l'impulsion du Saint-Esprit.

L'Esprit, qui a contribué à la manifestation des miracles et à la résurrection de Jésus-Christ, trois jours après sa mort, est le même qui agit aujourd'hui pour la transformation de la vie des enfants de Dieu.

REMERCIEMENTS

Nos remerciements vont à l'Apôtre Roland Dalo pour son obéissance au Seigneur en acceptant d'enseigner le peuple de Dieu sur la nécessité d'être rempli et revêtu du Saint-Esprit. Un sujet, qui semble, oublié dans le registre des prédications de nombreuses églises, même celles dites pentecôtistes du XXI^{è} siècle.

Que les pasteurs Ken Luamba, Athom's Mbuma, Nadège Mbuma, Blonsky Mbala, Eric Kionga, Olivier Nke, Eric Mutshipayi, Patou Elenga, Lord Lombo, Paty Situazola, Faustin Malu, Jean-Pierre Disashi, Sophie Okongo, Dady Yombo, Anthony Nkinzo, Schilo Franklinel, Artheny Ngongo trouvent ici l'expression de toute notre gratitude.

Que les fidèles de la grande famille du Centre missionnaire Philadelphie et de l'église de la « Fenêtre 10-40 » travaillant au milieu de la persécution soient bénis par la lecture de cet ouvrage destiné à les aider à servir le Seigneur à travers son Eglise dans la puissance et la gloire.

PREFACE

Revenir à l'Essentiel, un livre prophétique qui rappelle ce que le Maître a enseigné et qu'il faille à tout prix redécouvrir.

Autant le commencement nous oriente vers la fin, de même lorsqu'il s'agit de l'église de la fin de temps, il est essentiel de jeter, de temps en temps, un regard sur le rétroviseur afin de se rappeler de ce que le Maître a donné, car nous sommes bâtis sur un fondement. Il a dit: *"Lorsque le consolateur viendra, il vous rappellera..."* Ainsi, l'efficacité dans le ministère, la puissance de l'évangile de Christ, les signes qui doivent accompagner ceux qui ont cru se fonde sur le ministère de l'Esprit, ce ministère en nous et sur nous. Le ministre de Christ est donc celui qui, avant d'exercer le ministère sur les autres, subit et expérimente le ministère du Saint-Esprit afin qu'il soit efficace. C'est en cela que nous devenons nous-mêmes témoins avant de témoigner Christ.

Je ne peux oublier cette nuit de prière qui, pour moi semblait être ordinaire au départ, ferait de moi un témoin. Je connaissais le Seigneur, Le servait déjà et avait expérimenté la puissance de Dieu dans une certaine dimension. Ce soir-là, je découvrais qu'il y avait une autre mesure à laquelle je n'avais jamais goûté.

Liturgie comme d'habitude, rien ne me préparait à une telle démonstration de la puissance de Christ. L'exhortation ne semblait non plus très spéciale, mais l'autorité qui a été dégagée ensuite a complètement changé l'atmosphère.

C'était une jeune dame, courte de taille et calme qui, aujourd'hui Pasteur à Madagascar, exerçait le ministère lors de cette soirée. L'un des faits qui retint mon attention fut les quelques paroles prophétiques chargées d'une telle autorité qu'elle libéra après avoir exhorté, que l'un de mes frères (devenu aussi Pasteur aujourd'hui) en fut saisi et tomba par la puissance du Saint-Esprit, alors qu'entre elle et mon frère, il y avait une distance d'environ quatre mètres. Je vivais pour la première fois la puissance de Dieu se manifestant par la main des jeunes, qui, à l'époque, n'étaient ni pasteurs ni hierachiquement positionnés dans leurs églises respectives, mais qui avaient déjà l'expérience des puissances à venir.

Revenir à l'Essentiel est un guide qui vous fera parcourir dans les Saintes Écritures la notion, la place, l'importance et le ministère du Saint-Esprit dans l'église et dans la vie du croyant.

Victoire Eyobi, dans cet ouvrage, rempli du même Esprit que Jean-Baptiste, nous rappelle que c'est le Maître qui nous baptise de l'Esprit et de Feu, et que c'est en étant rempli continuellement du Saint-Esprit que les disciples de Christ exerceront l'autorité et annonceront avec assurance et puissance l'Évangile de Christ à toute la création.

L'assurance que dégageait cette servante du Seigneur, Rosy Mihigo, était une expérience vivante de la prière des apôtres: *"Donne-nous d'annoncer avec assurance et qu'il se fasse des prodiges"* qui a changé ma perception.

Je prie que par ce livre la lumière qui s'y dégage illumine vos yeux, que la puissance contenue dans ces écrits vous remplisse du Saint-Esprit, fasse trembler le lieu où vous êtes, vous donne de l'assurance et fasse manifester par votre ministère des signes, des miracles et des prodiges.

Ensemble par la nature du Christ que produit le ministère de l'Esprit en nous et par la puissance que produit l'Esprit sur nous, étendons le Royaume de Dieu sur terre. Et pour que cela arrive, revenons à l'essentiel.

Neil Schilo

INTRODUCTION

« *Revenir à l'Essentiel* » est un ouvrage destiné à ramener le peuple de Dieu aux fondamentaux du ministère tel que Jésus-Christ l'a prescrit à ses disciples, avant d'emprunter le chemin de la croix, de mourir à notre place et de ressusciter le troisième jour.

C'est Jésus ressuscité qui a répandu son Esprit sur les premiers disciples et a promis de le faire jusqu'aux derniers jours.

« Mais c'est ici ce qui a été dit par le prophète Joël: Dans les derniers jours, dit Dieu, je répandrai de mon Esprit sur toute chair; Vos fils et vos filles prophétiseront, Vos jeunes gens auront des visions, Et vos vieillards auront des songes. Oui, sur mes serviteurs et sur mes servantes, Dans ces jours-là, je répandrai de mon Esprit; et ils prophétiseront. » (Actes 2, 16-18)

Au-delà des enseignements et des miracles qu'ils ont vécus aux côtés du Seigneur, le moment venu, Jésus a cru important de leur donner les clés de la puissance pour poursuivre avec succès l'œuvre qu'il a commencée pour le salut de l'humanité. Lui-même les a expérimentées à son retour du désert et quand il a fallu démarrer effectivement son ministère terrestre.

Par conséquent, il a répandu sur eux en abondance le Don de l'Esprit qui manifestera son influence sur le plan moral et sanctifiera ses serviteurs; il se manifestera par des dons extraordinaires, tel que celui de prophétiser, c'est-à-dire de parler au nom de Dieu de manière à produire la conviction et la repentance.

Dieu se manifestera aussi par des songes et des visions qui, dans l'Ancien Testament, étaient des moyens de révélations divines.

A la lumière de ce qui précède, les deux clés que nous vous partageons sont notamment le changement de notre attitude par rapport à l'œuvre du Saint-Esprit en ces temps de la fin et la mise en pratique sincère de la volonté de Dieu.

Mais, le problème de l'Eglise des temps de la fin est moins les dons spirituels recherchés (guérisons, miracles, prophéties) que l'indispensable plénitude du Saint-Esprit, qui nous donne la capacité de porter des fruits et de mener une vie victorieuse au milieu d'un monde gagné par le sécularisme, les faux prophètes, le matérialisme, l'homosexualité… Tous des péchés qui étouffent l'action du Saint-Esprit dans notre vie, dans nos familles, dans l'Eglise et au sein de la société.

« *Revenir à l'Essentiel* » est donc une brèche que le Seigneur nous ouvre pour revivre la puissance du Saint-Esprit et entretenir un ministère porteur de fruits.

CHAPITRE I

Une mission et une vocation

Deux moments importants ont marqué la vie de Jésus au début de son ministère. Deux circonstances différentes dans des endroits diamétralement opposés où nous identifions l'intervention puissante et significative du Saint-Esprit dans le changement de la vision et la pratique de son ministère.

Il s'agit de son baptême par Jean-Baptiste dans les eaux du fleuve Jourdain et de son jeûne de 40 jours et 40 nuits dans le désert sur instruction du Saint-Esprit pour le préparer dans la solitude, la méditation, la prière et la tentation.

« Dès que Jésus eut été baptisé, il sortit de l'eau. Et voici, les cieux s'ouvrirent, et il vit l'Esprit de Dieu descendre comme une colombe et venir sur lui. Et voici, une voix fit entendre des cieux ces paroles : Celui-ci est mon Fils bien-aimé, en qui j'ai mis toute mon affection. » (Matthieu 3, 16-17)

La colombe ici est l'image de la douceur, de la pureté et de la simplicité qui ont caractérisé son ministère. Elle annonçait la venue de l'Esprit en vue d'armer Jésus pour son ministère. A travers son baptême, il a reçu l'approbation divine dans son œuvre en tant que Fils et serviteur de Dieu.

« Jésus, revêtu de la puissance de l'Esprit, retourna en Galilée, et sa renommée se répandit dans tout le pays d'alentour. » (Luc 4, 14)

Après le jeûne, à l'issue duquel le Diable est venu le tenter à trois reprises, Jésus retourne en Galilée pour démarrer son ministère, cette fois-ci, revêtu du Saint-Esprit.

Les Juifs découvrent désormais le Messie qu'ils attendaient depuis des siècles et dont ils ont eu des indications claires sur sa naissance et sa mission sur terre pour le salut des hommes à travers les prophètes de l'Ancien Testament.

C'est ainsi qu'à Nazareth, sa ville d'enfance, devant les Juifs présents ce jour-là dans la synagogue, il va peindre les grands traits de son ministère messianique : *« L'Esprit du Seigneur est sur moi, Parce qu'il m'a oint pour annoncer une bonne nouvelle aux pauvres; Il m'a envoyé pour guérir ceux qui ont le cœur brisé, Pour proclamer aux captifs la délivrance, Et aux aveugles le recouvrement de la vue, Pour renvoyer libres les opprimés, Pour publier une année de grâce du Seigneur ».* (Luc 4, 18-19)

Désormais, toutes les paroles et les œuvres de Jésus seront des manifestations de la lumière et de la puissance du Saint-Esprit.

L'apôtre Roland Dalo note, dans l'une de ses prédications, que Jésus fut premièrement rempli après le baptême de Jean-Baptiste sur le fleuve Jourdain avant d'être revêtu après le jeûne de quarante jours dans le désert, sanctionné par la tentation du Diable, dont il sortit victorieux en s'appuyant essentiellement sur la parole de Dieu.

C'est après avoir participé à plusieurs prédications de l'apôtre Roland Dalo tant dans son ministère que dans les séminaires que Dieu nous a mis à cœur de regrouper tous ses enseignements sur l'obligation des disciples d'être remplis du Saint-Esprit pour un ministère avec impact sur le monde.

L'objectif de notre démarche est de permettre à tous ceux qui n'ont pas eu l'occasion d'assister à ces enseignements de bénéficier des leçons importantes dégagées par l'Apôtre à l'intention de la communauté chrétienne pour un ministère de feu et de puissance en ces temps de la fin.

Il s'agit, au concret, de permettre à chaque chrétien de faire l'expérience personnelle de l'effusion du Saint-Esprit telle que vécue par les Apôtres de l'Eglise primitive. Une étape importante dans la vie chrétienne où nous sommes appelés non seulement à refléter l'image de Christ mais encore à expérimenter les différentes promesses qu'il a faites en faveur de son Eglise et de ses serviteurs.

Comme on peut le constater, l'effusion du Saint-Esprit n'est pas une expérience négligeable, ni appartenant au passé. La parole de Dieu nous montre qu'il est possible de la vivre aujourd'hui comme ce fut le cas au début de l'Eglise.

Contrairement au point de vue populaire selon lequel les dons spirituels étaient destinés à fonder l'Eglise et ont été retirés vers le IV^è siècle, l'apôtre Paul balaye d'un revers de la main cette opinion opposée aux données bibliques et historiques. Il soutient que les dons spirituels ne seront abolis qu'au retour de Christ et le fait qu'ils ont été répandus de façon intermittente dans le passé peut-être lié aux fluctuations de la foi et de la spiritualité de l'Eglise et à la souveraineté de Dieu.

« Un seul et même Esprit opère toutes ces choses, les distribuant à chacun en particulier comme il veut. » (1 Corinthiens 12, 11)

C'est que les chrétiens, malgré la plus grande diversité de leurs dons, doivent trouver en eux l'unité, puisque tous ces dons découlent du seul et même Esprit, qui ne saurait être divisé.

« *Revenir à l'Essentiel* » est donc une réponse à tous ceux qui s'interrogent sur la manifestation du Saint-Esprit dans une Eglise dominée par des enseignements sur la prospérité, la guérison, l'élévation, mais où la dernière recommandation de Jésus-Christ à ses disciples d'attendre l'effusion du Saint-Esprit est sciemment escamotée ou reléguée au second plan dans la vie de l'Eglise.

Cette attitude s'explique, comme nous le montre Reueben A. Torrey dans son ouvrage « *le Saint-Esprit, Sa personne et son Œuvre* », par le fait de ne pas se reposer sur l'œuvre accomplie par comme raison de notre acceptation devant Dieu. Cela peut venir aussi du fait de ne pas renoncer à un péché dont nous avons conscience ou en confessant pas ouvertement devant le monde que nous avons renoncé à un péché, ou en ne désirant pas à tout prix une bénédiction ; ou en ne priant pas avec résolution ; ou en n'attendant pas maintenant le baptême du Saint-Esprit et en ne le prenant pas en compte.

Bref, la cause est de notre côté et non du côté de Dieu.

Ce qui explique qu'un chrétien, qui n'est pas rempli du Saint-Esprit, brille par des stratégies, des projets, des séminaires, les uns aussi infructueux que les autres au regard des dérives dans lesquelles les nations sont plongées avec des conflits, des guerres, le terrorisme....

Epidémies, pandémies, réchauffement climatique, immigrations clandestines, paradis fiscaux… Jamais l'humanité, dont les connaissances se sont rapidement développées dans tous les domaines, ne s'est trouvé aussi mal. Des problèmes qui semblent ne pas avoir de solution au moment où le Saint-Esprit, qui est un Esprit de sagesse, est venu spécialement pour nous aider à résoudre les équations considérées comme impossibles par les hommes.

Depuis Abraham, jusqu'à Jésus-Christ, Dieu est intervenu par la puissance de son Esprit pour résoudre des problèmes qui tourmentaient des rois, des peuples, des familles. Des songes ont été interprétés (Pharaon, Nebucadnetsar), des obstacles naturels vaincus (mer Rouge, fleuve Jourdain, mur de Jéricho), des maladies incurables guéries (lèpre, paralysie…), des batailles où les forces armées en présence étaient disproportionnées remportées (David et Goliath), des complots déjoués (Naaman opposé aux Juifs), des miracles ont été opérés (Elie, Elisée…), des prisons miraculeusement visitées (Joseph, Daniel, Pierre, Paul et Silas, Jean), des esclaves élevés dans la cour royale

(Joseph, Esdras, Néhémie, Esther, Mardochée, Daniel et ses compagnons)…

C'est ainsi que Jésus avant de quitter ses disciples a pris soin de leur indiquer qu'une nouvelle dispensation allait succéder à son départ de la sphère terrestre.

« Quand le consolateur sera venu, l'Esprit de vérité, il vous conduira dans toute la vérité; car il ne parlera pas de lui-même, mais il dira tout ce qu'il aura entendu, et il vous annoncera les choses à venir. » (Jean 16, 13)

Pris dans la tourmente des événements des temps de la fin, l'Eglise semble empêtrée dans la course au pouvoir, le spectacle des miracles, le divorce des serviteurs de Dieu, les empoisonnements, la prolifération des sectes… Autant de maux qui montrent l'urgence de revenir à l'essentiel tel que communiqué par le Seigneur aux Apôtres avant de se séparer d'eux.

C'est grâce notamment à l'intervention du Saint-Esprit que, malgré les persécutions, les contrefaçons, l'église universelle, dont Jésus-Christ est la tête, a tenu bon jusqu'à ce jour. Ni les persécutions menées par les sacrificateurs, ni le règne du paganisme représenté par Rome n'ont réussi à engloutir l'œuvre laissée par Jésus-Christ.

La présence de l'Eglise à travers les siècles, malgré les persécutions, est la preuve de la victoire de Jésus-Christ à la croix. C'est ce qu'il avait confié à Pierre en disant : *« Et moi, je te dis que tu es Pierre, et que sur cette pierre je bâtirai mon Église, et que les portes du séjour des morts ne prévaudront point contre elle».* (Matthieu 16, 18)

A son tour, l'apôtre Paul, après avoir persécuté les chrétiens de l'Eglise primitive, est venu le confirmer en disant : « *C'est à cause de toi qu'on nous met à mort tout le jour, Qu'on nous regarde comme des brebis destinées à la boucherie. Mais dans toutes ces choses nous sommes plus que vainqueurs par celui qui nous a aimés* ». (Romains 8, 36-37)

Malgré les projets de l'ennemi contre l'œuvre laissée par Jésus-Christ, l'Eglise poursuit sa mission de préparer les chrétiens au règne éternel de Dieu.

Mais, cette œuvre exaltante ne se fait pas sans beaucoup de difficultés au vu du combat acharné que l'ennemi mène pour mettre des bâtons dans les relations entre les chrétiens et le Saint-Esprit, chargé de les préparer à entrer dans la gloire du Roi des rois.

CHAPITRE II

Une relation galvaudée

Alors que l'expérience avec le Saint-Esprit était réclamée par les chrétiens des décennies écoulées au point qu'un fidèle qui ne parlait pas en langue se reprochait de ne pas être entendu par Dieu, de nos jours, on assiste à des communautés qui ressemblent étrangement à ces croyants de la ville d'Ephèse, capitale de la région « aux 500 villes » en Asie Mineure.

Plongés dans les rituels et les coutumes religieuses, les Ephésiens s'accommodent de mener une vie chrétienne sans zèle ni saveur qui ne leur permet, ni de croître spirituellement ni d'être utile à l'œuvre du royaume à l'approche du retour du Maître. Une église vautrée dans sa richesse et sa réussite apparente alors que la vraie richesse se trouve en Jésus.

Ce que l'apôtre Jean stigmatise dans le livre d'Apocalypse 3, 15-18 à l'endroit des chrétiens de la ville de Laodicée : « *Je connais tes œuvres. Je sais que tu n'es ni froid ni bouillant. Puisses-tu être froid ou bouillant! Ainsi, parce que tu es tiède, et que tu n'es ni froid ni bouillant, je te vomirai de ma bouche. Parce que tu dis: Je suis riche, je me suis enrichi, et je n'ai besoin de rien, et parce que tu ne sais pas que tu es malheureux, misérable, pauvre, aveugle et nu, je te conseille d'acheter de moi de l'or éprouvé par le feu, afin que tu deviennes riche, et des vê-tements blancs, afin que tu sois vêtu et que la honte de ta nudité ne paraisse pas, et un collyre pour oindre tes yeux, afin que tu voies ».*

A Ephèse, cependant, la situation était différente. Les chrétiens ont reçu la parole sans épuiser le processus de leur nouvelle naissance normale en Christ. C'est ainsi qu'à la question de l'apôtre Paul sur leur relation avec le Saint-Esprit, ils répondirent de manière claire et simple : *« Ayant rencontré quelques disciples, il leur dit : Avez-vous reçu le Saint-Esprit, quand vous avez cru? Ils lui répondirent: Nous n'avons pas même entendu dire qu'il y ait un Saint-Esprit ».* (Actes 19, 1-2)

En effet, pour la seconde fois qu'il vient à Ephèse, sous la domination des Romains, l'apôtre Paul constate que les chrétiens de cette contrée manquaient des éléments essentiels à leur connaissance de la vie chrétienne. Il s'étonne de ne pas trouver en eux les effets de la relation avec le Saint-Esprit. Sa question venait parfois du senti-ment indéfinissable qu'il manquait quelque chose à leur foi.

Paul lui-même avait fait l'expérience de l'effusion du Saint-Esprit après sa rencontre avec le Seigneur sur la route de Damas, alors qu'il se rendait dans la ville pour persécuter les chrétiens.

« Ananias sortit; et, lorsqu'il fut arrivé dans la mai-son, il imposa les mains à Saul, en disant: Saul, mon frère, le Seigneur Jésus, qui t'est apparu sur le chemin par lequel tu venais, m'a envoyé pour que tu recouvres la vue et que tu sois rempli du Saint-Esprit. » (Actes 9, 7)

Instantanément, Paul bénéficia d'une guérison miracle par la puissance de Dieu, qui marqua sa marche avec le Seigneur.

Quelques mois après, Paul se retrouva face aux disciples d'Ephèse qui avaient donné leurs vies à Jésus, mais manquaient un dispositif important pour l'avenir de leur marche chrétienne et de leur foi.

Certes, ces disciples n'ignoraient pas l'existence du Saint-Esprit, mais plutôt ils ignoraient s'il avait déjà été donné, s'il était au sein de l'humanité dans cette condition nouvelle qui suppose le retour de Jésus dans la gloire, si le chrétien peut le recevoir de manière permanente, être éclairé, vivifié, sanctifié par lui, et obtenir aussi par son action des dons extraordinaires (miracles, guérisons...).

En recevant le baptême et l'imposition des mains, ces disciples, animés d'une foi nouvelle, reçurent aussi l'effusion de l'Esprit. Les dons de l'Esprit, qui avaient abondé dans l'Eglise de Jérusalem, leur furent conférés : ils parlaient en langues et prophétisaient.

Comme Paul, René Pache, dans son ouvrage « *La personne et l'œuvre du Saint-Esprit* », souligne que « *le sujet sur le Saint-Esprit est d'une importance extrême. Nous avons tous besoin de sa présence et de sa puissance. Sans lui, il nous serait tout à fait impossible de vivre la vie chrétienne et de servir Dieu* ».

Une démarche que de nombreux chrétiens, bien que membres des communautés chrétiennes, ne bénéficient pas et ne s'en émeuvent pas outre mesure. Ils vivent comme des poules rattachées à leur poulailler au lieu d'aspirer au sommet des montagnes comme les aigles.

« Mais ceux qui se confient en l'Éternel renouvellent leur force. Ils prennent le vol comme les aigles; Ils courent, et ne se lassent point, Ils marchent, et ne se fatiguent point. » (Esaïe 40, 31).

Le prophète savait qu'aucunement Dieu laisserait succomber son peuple, Lui, sans qui le plus fort se lasse et par qui le plus faible se relève sans cesse avec des forces nouvelles.

Dans cet exercice, Jésus-Christ a prévu que c'est le Saint-Esprit qui aidera ceux qui croiraient en lui à aller plus loin dans la vie chrétienne grâce à son support.

Cependant, tel que relevé par l'apôtre Roland Dalo lors d'une de ses prédications à l'église Phila- Cité d'Exaucement, plusieurs considérations expliquent la léthargie dans laquelle l'Eglise semble plongée de nos jours. Il les explique en cinq points importants :

1) Certains ne trouvent pas cette expérience importante ;
2) D'autres la banalisent et ne l'apprécient pas à sa juste valeur ;
3) C'est une expérience méconnue, car on ne dispose pas d'assez d'informations et d'expériences vécues ;
4) C'est une expérience ignorée, qui n'est pas recherchée par les leaders chrétiens et les serviteurs de Dieu ;
5) C'est une expérience déformée, galvaudée dont le vrai visage est transformé.

Et pourtant, note l'apôtre Roland Dalo, l'expérience

de la plénitude dans l'Esprit ne laisse jamais intact celui qui l'a connue. Il y a, en effet, un avant et un après, différents et palpables dans la vie de celui qui a fait cette expérience merveilleuse.

C'est ainsi que Luc 14, 1 ; 14-15 montre le tournant historique intervenu dans la vie de Jésus, identifié comme fils de Joseph, fils du charpentier, qui est devenu Jésus-Christ, le Messie, l'Oint de l'Eternel.

C'est l'Esprit qui l'a préparé pour cette charge. Ce, contrairement aux Juges et aux Rois d'Israël qui bénéficiaient de la charge par leur naissance.

A l'opposé de ces personnalités, Jésus ne sera pas investi partiellement ou irrégulièrement, mais de façon permanente et surabondante. Cela grâce à trois types de dons différents : pour le Gouvernement (sagesse et intelligence), la guerre (conseil et force) et la direction (connaissance et crainte).

Tous ces charismes ont fait de Jésus le Guide, le Gardien et l'exemple de son peuple. Un Roi surnaturellement doué.

L'apprenti menuisier est devenu quelqu'un d'autre. Un changement total d'identité qui fait ressortir la valeur suprême de Jésus en qui Dieu a agi de façon décisive pour juger et sauver le monde.

Car quand on a connu l'expérience du Saint-Esprit, on n'est plus la même personne.

Jésus était revêtu de l'Esprit. Il avait le « Shibeka », qui transforme l'ordinaire en extraordinaire. Plus rien n'était comme avant. Au point que les gens ont commencé à s'interroger : « *D'où lui viennent ces choses ?* »

« Ils étaient tous dans l'étonnement et la surprise, et ils

se disaient les uns aux autres: Voici, ces gens qui parlent ne sont-ils pas tous Galiléens? » (Actes 2, 7)

C'étaient des hommes ordinaires qui ont été transformés par cette expérience. En effet, le Saint-Esprit apporte une plus-value, une valeur ajoutée dans notre vie. C'est une expérience qui enrichit. C'est la porte ouverte du surnaturel, des dons spirituels (guérison, miracles, parler en langues…).

C'est ainsi que le jour de la Pentecôte, les disciples transformés décidèrent finalement de quitter leur refuge pour parler au grand public. Ils n'étaient plus effrayés à l'idée d'être arrêtés, molestés, traduits devant le Sanhédrin pour être jugés. Même Hérode ne constituait plus un obstacle pour leur foi. Plutôt, ils ont prié et l'ange est descendu pour appliquer la justice de Dieu : libérer l'apôtre Pierre et frapper le roi Hérode.

« Quand ils eurent prié, le lieu où ils étaient assemblés trembla; ils furent tous remplis du Saint Esprit, et ils annonçaient la parole de Dieu avec assurance. » (Actes 4, 31)

Dieu donne immédiatement aux disciples le signe certain que leur prière est exaucée. Il les remplit du Saint-Esprit, et les apôtres annonçaient la parole de Dieu avec une pleine assurance, malgré la défense du Sanhédrin.

Cette effusion nouvelle de l'Esprit fut accompagnée d'un tremblement de la maison où ils étaient comme le jour de la Pentecôte. C'était un signe extérieur de la présence de Dieu et de sa puissance.

Quand on passe par cette expérience, on devient utile et une source de solution pour la communauté. C'est une expérience qui n'est pas unique. Elle peut être renouvelée plusieurs fois dans la vie d'un enfant de Dieu. Car elle donne la soif du Créateur, de la prière, de passer du temps et de demeurer dans la présence de Dieu dans la chambre haute, dans une attitude de jeûne et de prière.

Il est, en effet, possible de vivre régulièrement cette expérience individuellement ou collectivement.

C'est ainsi que, pour l'apôtre Roland Dalo, cette expérience n'est pas une option, mais une obligation, un impératif. Car on ne peut remplir la mission que Christ nous a laissée sans l'Esprit.

« Ceux qui faisaient cela étaient sept fils de Scéva, Juif, l'un des principaux sacrificateurs. L'esprit malin leur répondit: Je connais Jésus, et je sais qui est Paul; mais vous, qui êtes-vous? » (Actes 19, 14-15)

Il convient, cependant, de déplorer que de nombreux enfants de Dieu, qui ont expérimenté l'effusion du Saint-Esprit, semblent avoir été frappés par des puissances d'envoûtement que Paul a discernées et fustigées dans la jeune église de Galates, victime des œuvres de la sorcellerie.

« O Galates, dépourvus de sens! Qui vous a fascinés, vous, aux yeux de qui Jésus Christ a été peint comme crucifié? Voici seulement ce que je veux apprendre de vous: Est-ce par les œuvres de la loi que vous avez reçu l'Esprit, ou par la prédication de la foi? Etes-vous tellement dépourvus de sens? Après avoir commencé par l'Esprit, voulez-vous maintenant finir par la chair? » (Galates 3, 1-3)

Cette fascination, qui ouvre la voie à la manipulation par des forces occultes, s'explique, selon Derek Prince dans son ouvrage « *La sorcellerie exposée et vaincue* », par la lutte acharnée menée par l'ennemi pour obscurcir l'œuvre salvatrice de Jésus-Christ à la croix.

Les Galates étaient comme aveuglés par une magie malfaisante. C'est comme si on leur avait bandé les yeux pour ne plus voir Christ qui leur a été dépeint à la croix.

Et pourtant, les Galates ont été baptisés dans le Saint-Esprit et Dieu opérait de nombreux miracles au milieu d'eux. « *Le fait que vous ayez été sauvés, baptisés dans l'Esprit et que vous ayez expérimenté des miracles ne garantit pas le fait que vous ne soyez pas ensorcelés* », souligne Derek Prince.

Cette église souffrait de deux maladies qui tuent de nombreuses communautés actuellement : le légalisme et le fait d'être charnel. Le légalisme, en effet, constitue la plus grande menace contre les desseins de Dieu en faveur de ses enfants. Or, l'Eternel a exclu cette pratique de son Eglise. Il a dit qu'aucun homme ne serait justifié devant lui par les œuvres de la loi.

Le légalisme, en effet, est le fait de vouloir accomplir la justice de Dieu soit en observant certaines règles, soit en ajoutant de nouvelles exigences à celles que Dieu a établies dans le Nouveau Testament. Il a pour résultat la malédiction. Derek Prince note que, chaque fois que vous voyez le légalisme, la sorcellerie se cache derrière.

Or, Jésus nous a justifiés par son œuvre sur la croix : « *Il n'y a donc maintenant aucune condamnation pour ceux qui sont en Jésus Christ. En effet, la loi de l'esprit de vie en Jésus Christ m'a affranchi de la loi du péché et de la mort. Car-chose impossible à la loi, parce que la chair la rendait sans force, -Dieu a condamné le péché dans la chair, en envoyant, à cause du péché, son propre Fils dans une chair semblable à celle du péché, et cela afin que la justice de la loi fût accomplie en nous, qui marchons, non selon la chair, mais selon l'esprit* ». (Romains 8, 1-4)

L'autre problème de l'église actuelle est cette intrusion d'individus qui viennent opérer dans les communautés pour manipuler des chrétiens. Ils sont comme Simon dans Actes 8, 18-20 : « *Lorsque Simon vit que le Saint-Esprit était donné par l'imposition des mains des apôtres, il leur offrit de l'argent, en disant: Accordez-moi aussi ce pouvoir, afin que celui à qui j'imposerai les mains reçoive le Saint-Esprit. Mais Pierre lui dit: Que ton argent périsse avec toi, puisque tu as cru que le don de Dieu s'acquérait à prix d'argent!* »

Resté étranger à toute influence de l'Esprit de Dieu, Simon ne le désire même pas. Il faut bien remarquer, en effet, que ce qu'il demande, c'est uniquement ce pouvoir de communiquer à d'autres l'Esprit et de leur conférer des dons qui accompagnaient cette communication.

Il voulait se créer une industrie plus productive encore que celle qu'il avait déjà, comme cela se fait, de nos jours, avec les consultations prophétiques payantes, guérisons monnayées...

Ainsi, Simon, dans sa cupidité, pensait que ce pouvoir se transmettait d'homme à homme, sans aucun rapport aux dispositions intérieures (repentance, conversion), et qu'il pourrait l'acquérir des Apôtres à prix d'argent. C'était là une profanation des choses saintes, une sorte de blasphème.

L'apôtre Pierre, bien inspiré, a réagi avec une vive indignation à sa demande, voyant son état d'âme qui l'entrainera à la perdition. Mais tout en l'avertissant sévèrement, il l'a appelé à la repentance pour réveiller si possible sa conscience.

Dans le chapitre qui suit, nous allons apprendre en profondeur les notions sur l'identité et les bénéfices que nous tirons de notre relation quotidienne avec le Saint-Esprit.

CHAPITRE III

Notions sur l'Esprit

De nombreuses confusions sont entretenues autour de la personnalité et du rôle du Saint-Esprit au sein de l'Eglise et dans la vie des enfants de Dieu.

Par conséquent, on ne peut marcher selon le Saint-Esprit si l'on ignore sa place dans la vie chrétienne ou si l'on voudrait seulement profiter de son fruit et de ses dons pour des motifs égoïstes.

Ce qui explique que, contrairement à l'Eglise primitive, de nos jours, la mauvaise perception de l'œuvre du Saint-Esprit fait croire que les dons spirituels sont devenus l'apanage d'un groupe exclusif de fidèles et des responsables auprès de qui toute la communauté doit faire des courbettes ou monnayer les dons et talents.

Et, pourtant, depuis la Pentecôte, l'Esprit a été répandu sur toute chair pour l'œuvre des temps de la fin en prévision de l'instauration du royaume de Dieu sur la terre.

De l'hébreu, rouakh et du grec, pneuma, la notion de l'Esprit est l'une de plus importantes qui fait l'originalité et l'unité des saintes écritures.

Cette notion revêt les caractères à la fois physique, moral et religieux.

Rouakh exprima, à l'origine, l'idée du vent (Genèse 3, 8 Job 41, 7 Jérémie 2, 24). Le vent qui soulève les flots, qui agite les arbres ; le vent créateur du mouvement

(Jean 3, 8), du véhicule de Dieu (Psaumes 18, 11   104, 3), l'exécuteur de sa volonté (Psaumes 104, 4   148, 8), le symbole de sa puissance (1 Rois 19, 11 Job 4, 15).

L'Esprit est l'expérience d'une puissance mystérieuse qui inspire la crainte. C'est la manifestation de l'énergie divine.

Rouakh représente aussi la vie en tant que don de Dieu.

Bref, le Saint-Esprit est une personne de la divinité qui établit Sa demeure en nos cœurs, prend possession de notre vie, et se sert de nous comme bon lui semble, dans Son infinie sagesse, note Reuben A. Torres dans son ouvrage « *Le Saint-Esprit, Sa Personne et Son Œuvre* ».

Le Saint-Esprit réunit toutes les caractéristiques et marques d'une personne, notamment la connaissance, le sentiment et la volonté.

Parmi les expériences faites du Saint-Esprit, il y a la joie (1 Thessaloniciens 1, 6), l'illumination (2 Corinthiens 3, 14), la libération (Romains 8, 2), la transformation morale (1 Corinthiens 6, 9) et la réception des divers dons (1 Corinthiens 1, 4). A cela, il faut ajouter la révélation de Dieu (Jean 14, 26).

La marque de l'Esprit est de reconnaître l'identité de Jésus (1 Corinthiens 12, 3 ; 1 Jean 5, 6) et de refléter son caractère dans la vie quotidienne (2 Corinthiens 3, 18).

« C'est pourquoi je vous déclare que nul, s'il parle par l'Esprit de Dieu, ne dit: Jésus est anathème! Et que nul ne peut dire: Jésus est le Seigneur! Si ce n'est par le Saint- Esprit. » (1 Corinthiens 12, 3)

En tant que puissance de la vie nouvelle, le don de l'Esprit est la première étape d'un processus de transformation pour devenir, de plus en plus, semblable à Christ, qui s'étend sur toute une vie (Ephésiens 1, 13), les prémices de la récolte de la justice (Galates 5, 16).

« En lui vous aussi, après avoir entendu la parole de la vérité, l'Évangile de votre salut, en lui vous avez cru et vous avez été scellés du Saint-Esprit qui avait été promis. » (Ephésiens 1, 13)

C'est l'action de l'Esprit qui rend la vie après la conversion différente : elle devient une réponse quotidienne aux exigences de l'Esprit au moyen de sa puissance dans une relation personnelle avec Dieu.

« Pour vous, vous ne vivez pas selon la chair, mais selon l'esprit, si du moins l'Esprit de Dieu habite en vous. Si quelqu'un n'a pas l'Esprit de Christ, il ne lui appartient pas. » (Romains 8, 9)

C'est le Saint-Esprit qui produit la transformation voulue dans la vie du chrétien, comme le souligne Romains 12, 2 : « *Ne vous conformez pas au siècle présent, mais soyez transformés par le renouvellement de l'intelligence, afin que vous discerniez quelle est la volonté de Dieu, ce qui est bon, agréable et parfait* ».

« *Laissez-vous transformer* » dans un processus continu, car l'entendement de l'homme naturel est obscurci et faussé par suite de la domination du péché sur la chair ; il est devenu « *un entendement réprouvé* ». Il a besoin d'être renouvelé afin de discerner la volonté de Dieu.

Mais le processus de cette transformation ne sera

achevé qu'au retour de Christ. C'est pourquoi, il y a conflit dans la vie présente entre les exigences de l'Esprit et les aspirations de la vieille nature.

« Nous savons, en effet, que la loi est spirituelle; mais moi, je suis charnel, vendu au péché. » (Romains 7, 14)

Comme à l'Eglise primitive, la participation commune à l'Esprit transforme un groupe d'individus divers en un seul corps en Christ.

« Nous avons tous, en effet, été baptisés dans un seul Esprit, pour former un seul corps, soit Juifs, soit Grecs, soit esclaves, soit libres, et nous avons tous été abreuvés d'un seul Esprit. » (1 Corinthiens 12, 13)

Le corps ne peut croitre en maturité que dans la mesure où chaque membre permet à l'Esprit de s'exprimer à travers lui, en paroles et en actes.

« Je vous exhorte donc, moi, le prisonnier dans le Seigneur, à marcher d'une manière digne de la vocation qui vous a été adressée, en toute humilité et douceur, avec patience, vous supportant les uns les autres avec charité, vous efforçant de conserver l'unité de l'esprit par le lien de la paix. » (Ephésiens 4, 1-3)

Par dévouement pour le Seigneur et pour sa cause dans une communion d'amour et de souffrances, l'apôtre Paul veut inspirer aux chrétiens d'Ephèse le courage de subir les souffrances et de renoncer à certains droits dans la vie. Mais surtout à souffrir pour le Maître, une attitude qui donnera toujours à un serviteur de Jésus-Christ un nouveau degré d'autorité lorsqu'il exhortera se frères.

Ancien Testament

Dans l'Ancien Testament, on voyait dans l'Esprit plus une puissance surnaturelle qu'une qualité morale. Il est davantage mentionné comme dans le rôle d'inspirateur de la prophétie. (Esaïe 59, 21 ; Ezéchiel 3, 1, 24).

« Voici mon alliance avec eux, dit l'Éternel: Mon esprit, qui repose sur toi, Et mes paroles, que j'ai mises dans ta bouche, Ne se retireront point de ta bouche, ni de la bouche de tes enfants, Ni de la bouche des enfants de tes enfants, Dit l'Éternel, dès maintenant et à jamais. » (Esaïe 59, 21)

Il est aussi l'inspirateur des talents artistiques (Exode 31, 2 et Genèse 1, 2).

« Sache que j'ai choisi Betsaleel, fils d'Uri, fils de Hur, de la tribu de Juda. Je l'ai rempli de l'Esprit de Dieu, de sagesse, d'intelligence, et de savoir pour toutes sortes d'ouvrages, je l'ai rendu capable de faire des inventions, de travailler l'or, l'argent et l'airain, (…) » (Exode 31, 1-3)

C'est l'Esprit qui recrée son peuple et le façonne pour jouir d'une relation vivante et étroite avec Dieu.

« Je répandrai sur vous une eau pure, et vous serez purifiés; je vous purifierai de toutes vos souillures et de toutes vos idoles. Je vous donnerai un cœur nouveau, et je mettrai en vous un esprit nouveau; j'ôterai de votre corps le cœur de pierre, et je vous donnerai un cœur de chair. Je mettrai mon esprit en vous, et je ferai en sorte que vous suiviez mes ordonnances, et que vous observiez et pratiquiez mes lois. » (Ezéchiel 36, 25-27)

L'eau pure est à la fois l'emblème du pardon de la part de Dieu et de la rupture avec le mal de la part du pécheur, ainsi que de la repentance et de la grâce. Dans sa sainteté divine, l'Eternel ne veut pas seulement détruire le mal, mais encore rétablir le bien. Il ne peut l'opérer que par un changement intérieur et radical, en créant un cœur nouveau, le cœur de l'homme étant comparé à un cœur de pierre, c'est-à-dire insensible aux attraits divins.

Le cœur nouveau a un cœur de chair, que les bienfaits et les châtiments de Dieu touchent profondément. D'où, la nécessité de l'intervention du Saint-Esprit qui ne s'est pas accomplie pour l'ensemble du peuple juif, par sa propre faute.

Ce cœur nouveau produit une conduite nouvelle, conforme à la volonté divine. Toute cette œuvre est attribuée à l'Esprit de Dieu, qui pourra agir efficacement dans un peuple rendu docile par l'humiliation et lui permettre d'expérimenter la prospérité et la bénédiction promise aux montagnes d'Israël.

Dans l'Ancien Testament, plusieurs personnalités ont profité de l'œuvre de l'Esprit. Betsaléel et son talent d'artiste (Exode 31, 3), Samson et sa vigueur (Juges 14, 6), Gédéon et son héroïsme (Juges 6, 34), Joseph et Daniel et leur don d'interpréter les songes (Genèse 41, 38 ; Daniel 5, 12), David et ses vertus de roi (1 Samuel 16,3), Zorobabel et son génie créateur (Zacharie 4, 6), Elisée et son don des miracles (2 Rois 2, 14)…

C'étaient des hommes inspirés suscités pour faire des

révélations à Israël. Des hommes spéciaux, pour des occasions particulières, en vue des tâches précises. De tels hommes ne furent pas nombreux comparés à la masse du peuple.

« (…) car ce n'est pas par une volonté d'homme qu'une prophétie a jamais été apportée, mais c'est poussés par le Saint-Esprit que des hommes ont parlé de la part de Dieu. » (2 Pierre 1, 21)

Dans l'Ancien Testament, l'Esprit n'est pas donné mais descend sur quelques hommes.

Dans ces hommes, on voyait déjà se dégager la notion du Saint-Esprit, Esprit de grâce et de prière qui réconciliera l'âme repentante avec le Dieu méconnu (Zacharie 12, 10), Esprit de résurrection qui transformera les hommes en les ramenant à Jéhovah (Ezéchiel 11, 19 36, 27 37, 1 11, 26-28), Esprit de sainteté, de justice et d'amour qui établira les hommes dans la communion de Dieu (Esaïe 4, 4 32, 15 42, 1).

« Après que le Seigneur aura lavé les ordures des filles de Sion, Et purifié Jérusalem du sang qui est au milieu d'elle, Par le souffle de la justice et par le souffle de la destruction. » (Esaïe 4, 4)

La responsabilité du peuple d'Israël ne consistait pas à recevoir lui-même des directives spéciales, mais à reconnaître la voix de Dieu et à lui obéir telle qu'elle lui était transmise par ces chefs remplis de l'Esprit, le cas de Christ (Luc 4, 14).

Nouveau Testament

Dans le Nouveau Testament intervient la notion de pneuma, c'est-à-dire l'état d'esprit, les dispositions plus ou moins motivées par l'inspiration divine.

En tant que notion religieuse, pneuma nous renvoie à une puissance déployée par Dieu avant la Pentecôte pour maintenir la créature dans la communion divine ou pour lui permettre d'y accéder.

Dans le livre des Actes, le don de l'Esprit, qui est le sceau de la nouvelle alliance, est le point de départ de la foi des disciples.

« Et j'entendis une voix qui me disait: Lève-toi, Pierre, tue et mange. » (Actes 11, 7)

Dans des situations pionnières, c'était la manifestation de l'Esprit qui révélait que les convertis étaient acceptés par Dieu.

« Comme Pierre prononçait encore ces mots, le Saint-Esprit descendit sur tous ceux qui écoutaient la parole. » (Actes 10, 44)

Pour l'apôtre Paul, le don de l'Esprit marque le début de la nouvelle vie chrétienne. « *Voici seulement ce que je veux apprendre de vous: Est-ce par les œuvres de la loi que vous avez reçu l'Esprit, ou par la prédication de la foi?* » (Galates 3, 2)

On ne peut devenir et être chrétien que par l'œuvre de l'Esprit. « *Pour vous, vous ne vivez pas selon la chair, mais selon l'esprit, si du moins l'Esprit de Dieu habite en vous. Si quelqu'un n'a pas l'Esprit de Christ, il ne lui appartient pas.* » (Romains 8, 9)

L'apôtre Jean le souligne aussi avec force en révélant que c'est l'Esprit qui effectue la nouvelle naissance et donne la vie (de Dieu) qui coule au travers le croyant comme une rivière.

«Jésus lui répondit : En vérité, en vérité, je te le dis, si un homme ne naît de nouveau, il ne peut voir le royaume de Dieu. » (Jean 3, 3)

Alors qu'il s'attendait comme les pharisiens à un royaume extérieur, national, politique, Nicodème est surpris d'entendre Jésus lui présenter un royaume invisible, dans lequel on entre par une transformation morale.

En affirmant la nécessité pour tous de cette naissance d'eau et d'esprit, le Seigneur détruit ainsi cet édifice de vertus, d'œuvres, d'observances de la loi, par lesquelles la propre justice pharisaïque pensait pouvoir subsister devant Dieu.

Il ne s'agit plus de faire, mais d'être, et avant d'être, il faut naître. La naissance spirituelle ne peut être possible que par l'eau et l'esprit. L'un est le symbole, l'autre la réalité.

Contrairement aux Hébreux de l'Ancien Testament, les chrétiens reconnaissent la voix de Dieu dans la voix de Christ.

«Jésus leur répondit : Ma doctrine n'est pas de moi, mais de celui qui m'a envoyé. Si quelqu'un veut faire sa volonté, il connaîtra si ma doctrine est de Dieu, ou si je parle de mon chef. » (Jean 7, 16-17)

Les premiers chrétiens voyaient dans l'Esprit la puissance divine, manifestée sans équivoque au travers de ses effets dans la vie de celui qui le reçoit.

L'impact produit par l'Esprit laissait peu de place au doute quant au changement significatif opéré par Dieu.

Jean-Baptiste a fait sensation en proclamant l'effusion imminente de l'Esprit et qu'elle serait une expérience de feu du jugement et de la purification.

« Moi, je vous baptise d'eau, pour vous amener à la repentance; mais celui qui vient après moi est plus puissant que moi, et je ne suis pas digne de porter ses souliers. Lui, il vous baptisera du Saint-Esprit et de feu.» (Matthieu 3, 11)

Actuellement, la possession du Saint-Esprit est la marque universelle des enfants de Dieu, bien que l'Esprit trouve à se manifester de façons diverses. Dans l'Ancien Testament comme dans le Nouveau Testament, le don de l'Esprit s'accompagne de multiples formes et manifestations.

« La main de l'Éternel fut sur moi, et l'Éternel me transporta en esprit, et me déposa dans le milieu d'une vallée remplie d'ossements. » (Ezéchiel 37, 1)

Par la puissance de l'Esprit, Dieu fait assister Ezéchiel à la résurrection du peuple d'Israël dispersé entre les nations païennes. C'est la résurrection nationale et spirituelle. Tout en décrivant l'état désespéré de son peuple sous l'image des ossements desséchés, le prophète montre comment ces ossements passent à l'étape de corps inanimé avant de recevoir le souffle de vie comme au jour de la création.

Semblable à un vent venu des quatre côtés de la plaine simultanément, le souffle de vie pénétra les corps gisants au sol. Ces hommes tués ressemblaient à des cadavres couvrant un champ de bataille.

Une situation de désastre qui paraissait impossible aux Israélites jusqu'à l'intervention de l'Esprit de Dieu.

Conscient de la restauration prochaine d'Israël et des temps messianiques qui viendront, le prophète Joël est la personne qui a le mieux parlé de l'action du Saint-Esprit sur les serviteurs des temps de la fin et sur le monde, en réponse à la préoccupation du patriarche Moïse à Josué.

« Et Josué, fils de Nun, serviteur de Moïse depuis sa jeunesse, prit la parole et dit : Moïse, mon seigneur, empêche-les! Moïse lui répondit : Es-tu jaloux pour moi? Puisse tout le peuple de l'Éternel être composé de prophètes; et veuille l'Éternel mettre son esprit sur eux! » (Nombres 11, 28-29)

D'où, l'intervention prophétique de Joël reprise par l'apôtre Pierre le jour de la Pentecôte : « *Après cela, je répandrai mon esprit sur toute chair; Vos fils et vos filles prophétiseront, Vos vieillards auront des songes, Et vos jeunes gens des visions. Même sur les serviteurs et sur les servantes, Dans ces jours-là, je répandrai mon esprit* ». (Joël 2, 28-29)

Mais si cette expérience n'était pas indispensable pour son ministère terrestre, Jésus-Christ n'en aurait pas besoin, lui qui était Dieu.

CHAPITRE IV

Jésus rempli et revêtu de l'Esprit

Des siècles auparavant, c'est l'Esprit qui a annoncé la naissance de Jésus-Christ, (Esaïe 11, 2 ; 42, 1 ; 61, 1) et qui l'a confirmée dans un contexte de domination romaine à Bethléem en Judée (Matthieu 1, 18 ; 2, 1).

« L'Esprit de l'Éternel reposera sur lui: Esprit de sagesse et d'intelligence, Esprit de conseil et de force, Esprit de connaissance et de crainte de l'Éternel. » (Esaïe 11, 2)

Tous les dons qui n'apparaissent qu'isolément chez les autres hommes, sont réunis en celui qui est l'Oint de Dieu.

« Voici de quelle manière arriva la naissance de Jésus Christ. Marie, sa mère, ayant été fiancée à Joseph, se trouva enceinte, par la vertu du Saint-Esprit, avant qu'ils eussent habité ensemble (…) » (Matthieu 1, 18-19)

L'Esprit, source de toute existence, fut, par un acte de la puissance créatrice qui lui est propre, l'agent du miracle de la conception de Jésus (Luc 1, 35). Il reçut, pour cela, l'onction de l'Esprit lors de son baptême (Marc 1, 10), avant que l'Esprit ne le pousse dans le désert.

« Alors Jésus fut emmené par l'Esprit dans le désert, pour être tenté par le diable. » (Matthieu 4, 1).

Après le jeûne et la prière, il l'introduisit dans son ministère galiléen (Luc 4), lui donna la puissance pour opérer des miracles (Matthieu 12, 28-32), lui fit accepter le sacrifice du Calvaire (Hébreux 9, 14) et le ressuscita des morts le troisième jour (Romains 8, 1).

Dans toutes ces péripéties, l'Esprit était à l'œuvre en Jésus de façon unique, libérant les prisonniers des geôles de Satan.

« Les pharisiens, ayant entendu cela, dirent : Cet homme ne chasse les démons que par Béelzébul, prince des démons. Comme Jésus connaissait leurs pensées, il leur dit : Tout royaume divisé contre lui-même est dévasté, et toute ville ou maison divisée contre elle-même ne peut subsister. » (Matthieu 12, 24-25)

Avant de quitter ses disciples, il leur promit l'aide de l'Esprit dans leurs souffrances (Marc 13, 11) et la bénédiction de l'Esprit à tous ceux qui le cherchent (Luc 11, 13).

« Quand on vous emmènera pour vous livrer, ne vous inquiétez pas d'avance de ce que vous aurez à dire, mais dites ce qui vous sera donné à l'heure même; car ce n'est pas vous qui parlerez, mais l'Esprit Saint. » (Marc 13, 11)

Le but de l'œuvre rédemptrice de Christ était de réconcilier les hommes avec son Père afin de pouvoir rendre à leur âme anémiée depuis la chute la puissance d'En-Haut, l'Esprit de vérité : le Consolateur, le Paraclet (Jean 14, 16 ; 15, 26 ; 16, 7 ; 20, 22)

« Et moi, je prierai le Père, et il vous donnera un autre consolateur, afin qu'il demeure éternellement avec vous. » (Jean 14, 16).

Paul l'appellera Esprit d'adoption (Romains 8,15) qui

les réintégrera dans la famille céleste, fera de chacun d'eux au sein de l'humanité mourante une cellule de vie pour devenir des hommes doués et des dons (Matthieu 4, 18-19 ; 5, 13-16) et aux participants ici-bas de la vie éternelle (Jean 6, 40, 47, 63).

« Comme il marchait le long de la mer de Galilée, il vit deux frères, Simon, appelé Pierre, et André, son frère, qui jetaient un filet dans la mer; car ils étaient pêcheurs. Il leur dit : Suivez-moi, et je vous ferai pêcheurs d'hommes. » (Matthieu 4, 18-19)

Sur cette lancée, la Pentecôte permit à l'Eglise d'entrer dans sa nouvelle et décisive expérience de Dieu. La Pentecôte, fête des semaines, tomba cette fois-là, cinquante jours après la Pâque suivant la passion de Jésus-Christ.

Les témoignages des personnages bibliques présentent l'Esprit comme l'essence créatrice qui procède du Père, puis du Fils, et qui manifeste leur présence vivifiante dans l'Eglise.

C'est l'Esprit, qui, après avoir animé le Christ, nourrit le chrétien, transforme sa personnalité, l'unit à son sauveur et à ses frères, l'introduit par la résurrection dans le séjour de la gloire.

Par la grâce de Christ, la force de l'Esprit est désormais un don de Dieu distribué aux hommes qui lui obéissent (Luc 11, 13 ; Jean 4, 13 ; Actes 5, 32 ; 15, 8).

« Si donc, méchants comme vous l'êtes, vous savez donner de bonnes choses à vos enfants, à combien plus forte raison le Père céleste donnera-t-il le Saint Esprit à ceux qui le lui demandent. » (Luc 11, 13)

Dans la mouvance de l'Esprit

Le Saint-Esprit est une personne et non une puissance. Plusieurs passages démontrent que le Saint-Esprit a la faculté d'enseigner et de rappeler (Jean 14, 26), de demeurer avec nous (Jean 14, 17), de rendre témoignage (Jean 15, 26), de convaincre du péché (Jean 16, 8), de conduire dans la vérité (Jean 16, 13).

Les apôtres après la Pentecôte ont expérimenté le fait que le Saint-Esprit inspire les écritures et parle (Actes 16, 16 ; 8, 19), appelle au ministère (Actes 13, 2) et envoie ses ouvriers (Actes 4).

« Pendant qu'ils servaient le Seigneur dans leur ministère et qu'ils jeûnaient, le Saint Esprit dit: Mettez-moi à part Barnabas et Saul pour l'œuvre à laquelle je les ai appelés. » (Actes 13, 2)

En effet, le Saint-Esprit possède les attributs de la personnalité (1 Corinthiens 12, 11) et les missions qui lui sont données révèlent à la fois sa personnalité et sa divinité (Genèse 6, 3 ; 2 Chroniques 15, 1).

« Un seul et même Esprit opère toutes ces choses, les distribuant à chacun en particulier comme il veut. » (1 Corinthiens 12, 11)

Le Saint-Esprit envahit la vie du Chrétien, qui est vraiment sa création. Il intervient à trois niveaux de sa vie :

a) *Avant la conversion*

Il œuvre pour convaincre l'homme du péché (de sa culpabilité devant Dieu pour n'avoir pas cru en Jésus) (Romains 3, 23) ; de la justice du Christ (en vertu de sa justice, son œuvre a été agréée par Dieu et sauve le croyant) (1 Pierre 3, 18) et du jugement sur Satan et sur le mal (la condamnation de Satan par la victoire de Christ à la croix) (1 Jean 3, 8b ; Colossiens 2, 5 ; Jean 12, 31). Le Saint-Esprit apporte la vérité complète à l'âme au moyen de la parole divine. Ainsi, il ouvre les yeux de l'homme sur son erreur à propos du péché, et cela d'une manière telle qu'il devienne profondément conscient de sa nature pécheresse et découvre le besoin d'un Rédempteur. Lui seul peut convaincre du péché de ne pas avoir foi en Jésus-Christ (Actes 2, 36).

b) *Lors de la conversion*

Le Saint-Esprit vient demeurer en l'homme en réponse à son acte de foi. C'est lui qui opère la nouvelle naissance et scelle le croyant (authentifie son appartenance à Dieu et donne la sécurité de la vie éternelle). (Galates 3, 14 ; Jean 7, 39). Il rend témoignage au croyant qu'il est enfant de Dieu (Romains 8, 16). Il s'agit d'une conviction intérieure donnée par le Saint-Esprit. A ce témoignage s'ajoute l'assurance communiquée par les affirmations de l'Ecriture.

c) *Après la conversion*

Le Saint-Esprit habite en permanence dans le croyant (1 Corinthiens 6, 19) et le rend sensible à l'amour de Dieu (Romains 5, 5) et capable d'aimer (Colossiens 1, 8). Il lui révèle les vérités spirituelles et lui explique la parole de Dieu (1 Corinthiens 2, 9-10 14-16). Le Saint-Esprit transforme et sanctifie le croyant (2 Corinthiens 3, 18 et Romains 8, 13-14), dirige l'enfant de Dieu dans sa marche chrétienne (Romains 8, 14 ; Galates 5, 16 et 25 ; Actes 16, 6-7). Il rend le chrétien capable d'être témoin dans le monde et donne la puissance à son témoignage (Actes 1, 8 ; 4, 31 ; 1 Thessaloniciens 1, 5 ; Jean 15, 26-27).

Le Saint-Esprit intervient également pour faciliter la croissance du fruit de l'Esprit (Galates 5, 22), le baptême du Saint-Esprit (Actes 19, 2) et les dons du Saint-Esprit (1 Corinthiens 12, 1-4). Il lui assure une aide de proximité à sa portée et toujours disponible quand le chrétien est dans le besoin dans son combat avec le monde. Il le soutient dans ses moments de faiblesse (Romains 8, 26-27), le conseille face aux difficultés de la vie (Matthieu 10, 19-20) et le console dans sa souffrance.

d) L'évangile est annoncé par sa puissance. Non seulement sa joie est donnée à ceux qui croient, mais Lui-même leur est donné pour accomplir son œuvre sanctificatrice dans leur vie.

Dans la vie de l'Eglise également, il joue son rôle important en communiquant la volonté divine par des prophéties.

Comme à l'Eglise primitive, le Saint-Esprit agit puissamment de nos jours. Tout dépend de la connaissance et de la relation que nous entretenons avec Lui.

CHAPITRE IV

Comment expérimenter l'effusion du Saint-Esprit

La repentance et le baptême d'eau nous préparent à vivre l'expérience de l'Esprit (Actes 2, 10, 44, 47 11, 15).

« Pierre leur dit : Repentez-vous, et que chacun de vous soit baptisé au nom de Jésus-Christ, pour le pardon de vos péchés; et vous recevrez le don du Saint-Esprit. » (Actes 2, 38)

La repentance est la première étape pour entrer dans le Royaume, enseigne-t-on à l'Ecole d'Apollos à Phila-Cité d'exaucement. Elle commence par une tristesse qu'on ressent pour avoir offensé Dieu. Elle ne peut être générale ; elle doit être spécifique. Elle affecte trois niveaux de notre être : la pensée, les paroles et les actes.

Le baptême par immersion nous identifie à la mort et à la résurrection de Jésus-Christ. L'eau, employée dans toutes les purifications rituelles en usage chez les Juifs, était le signe et le sceau de la repentance, de la douleur causée par le péché et qui, en le faisant haïr, « *purifie la conscience des œuvres mortes* ».

Pour cela, nous avons besoin de la repentance, de la confession publique de nos péchés et de la preuve de la vie transformée par Jésus-Christ, qui nous baptise du Saint-

Esprit. Ainsi, il nous donne la puissance de le témoigner en agissant comme lui.

Car le baptême d'eau en soi ne suffit pas pour accomplir l'œuvre de transformation morale appelée par Jésus une « naissance d'en haut », l'Esprit, le principe éternel, tout-puissant, créateur de la vie divine par lequel seul l'homme est régénéré et sanctifié.

Le Saint-Esprit nous baptise dans le corps du Christ afin de faire de nous des membres de son corps qu'est l'Eglise.

« Nous avons tous, en effet, été baptisés dans un seul Esprit, pour former un seul corps, soit Juifs, soit Grecs, soit esclaves, soit libres, et nous avons tous été abreuvés d'un seul Esprit. » (1 Corinthiens 12, 13)

A son tour, Jésus-Christ nous baptise dans le Saint-Esprit pour nous donner la puissance de le témoigner en agissant comme lui.

« Car Jean a baptisé d'eau, mais vous, dans peu de jours, vous serez baptisés du Saint-Esprit. Alors les apôtres réunis lui demandèrent: Seigneur, est-ce en ce temps que tu rétabliras le royaume d'Israël? Il leur répondit: Ce n'est pas à vous de connaître les temps ou les moments que le Père a fixés de sa propre autorité. Mais vous recevrez une puissance, le Saint-Esprit survenant sur vous, et vous serez mes témoins à Jérusalem, dans toute la Judée, dans la Samarie, et jusqu'aux extrémités de la terre. » (Actes 1, 5-8)

Par conséquent, recevoir le Saint-Esprit, note le pasteur Eric-Ralph Kionga, dans son module Métamorphoo sur la transformation intérieure, c'est être baptisé dans l'Esprit ; une immersion dans le Saint-Esprit.

Le baptême du Saint-Esprit se manifeste par la présence du fruit de l'Esprit et par un témoignage puissant, car la plénitude assure un juste emploi et un épanouissement des dons spirituels.

« La parole de Dieu se répandait de plus en plus, le nombre des disciples augmentait beaucoup à Jérusalem, et une grande foule de sacrificateurs obéissaient à la foi. Étienne, plein de grâce et de puissance, faisait des prodiges et de grands miracles parmi le peuple. » (Actes 6, 7-8)

Le baptême du Saint-Esprit nous procure de nombreux avantages, notamment la force, la puissance et l'assurance de Dieu pour accomplir son œuvre et vaincre le péché dans notre vie.

« Ne savez-vous pas que votre corps est le temple du Saint Esprit qui est en vous, que vous avez reçu de Dieu, et que vous ne vous appartenez point à vous-mêmes? Car vous avez été rachetés à un grand prix. Glorifiez donc Dieu dans votre corps et dans votre esprit, qui appartiennent à Dieu. » (1 Corinthiens 6, 19-20)

Le Saint-Esprit fait de notre corps son temple, différent du temple construit des mains d'hommes. Le chrétien devient participant à la gloire de Dieu dans son corps et dans son âme. Il devient l'instrument sanctifié de la volonté de Dieu et glorifie l'Eternel.

Comme à la création, Dieu redevient le légitime possesseur du corps du chrétien, après l'avoir racheté à un précieux prix de la domination du péché. Cela grâce au sacrifice de son Fils unique Jésus-Christ à la croix de Golgotha.

La question aujourd'hui, comme le souligne Reuben A. Torres est de savoir « *Comment le Saint-Esprit peut-il prendre possession et se servir de moi ?*» Car pendant longtemps, nous avons tenté de nous servir du Saint-Esprit pour atteindre nos objectifs spirituels. Or, c'est l'idée de laisser le Saint-Esprit prendre possession et se servir de nous qui est sublime et véritablement chrétienne, relève Reuben A. Torres.

Il attire notre attention sur un danger qui consiste à croire que le Saint-Esprit n'est qu'une influence ou une force que nous recevons et dont nous devons nous servir. Une telle idée « *conduit inévitablement à une trop grande confiance en soi, à la présomption et à l'exaltation du Moi. Tu te pavaneras comme si tu appartenais à une catégorie supérieure de chrétiens* », avertit-il.

CHAPITRE V

Deux clés pour la plénitude

Dans de nombreuses communautés chrétiennes, il arrive souvent de recenser des croyants qui ont fait des décennies sans passer par les eaux de baptême ou par l'effusion du Saint-Esprit. Une réalité anormale pour l'église, car dans Matthieu 28, 19, le Seigneur a recommandé expressément aux disciples : « *Allez, faites de toutes les nations des disciples, les baptisant au nom du Père, du Fils et du Saint-Esprit (...)* ».

De même, certains croyants expérimentent le baptême d'eau et s'arrêtent-là faute d'enseignement et d'encadrement pour le baptême du Saint-Esprit. Or, dans l'entendement de Jean-Baptiste, le baptême d'eau seul ne garantissait pas le salut. Après la purification extérieure, il fallait l'œuvre du Saint-Esprit pour purifier les cœurs.

Dans la pratique, le croyant reçoit le Saint-Esprit premièrement par la prière dans une attitude de foi active à la promesse de Dieu. Pour cela, il doit le désirer et le demander simplement à Dieu.

« Tous d'un commun accord persévéraient dans la prière, avec les femmes, et Marie, mère de Jésus, et avec les frères de Jésus. » (Actes 1, 14)

Le deuxième canal ouvert à notre disposition est l'imposition des mains.

« Alors Pierre et Jean leur imposèrent les mains, et ils reçurent le Saint Esprit. Lorsque Paul leur eut imposé les mains, le Saint Esprit vint sur eux, et ils parlaient en langues et prophétisaient. Ils étaient en tout environ douze hommes. » (Actes 8, 17 ; 19, 6-7).

Dieu accordait l'Esprit en réponse à la prière et les apôtres confirmaient le don par l'imposition des mains, pour l'affermissement de leur foi.

Il peut aussi être accordé sans imposition des mains directement par Dieu aux croyants, même aux incirconcis qui ont la foi.

« Tous les fidèles circoncis qui étaient venus avec Pierre furent étonnés de ce que le don du Saint Esprit était aussi répandu sur les païens. » (Actes 10, 45)

C'est le gage de notre salut, la garantie que Dieu nous a donnée pour sécuriser notre salut.

« En lui vous aussi, après avoir entendu la parole de la vérité, l'Évangile de votre salut, en lui vous avez cru et vous avez été scellés du Saint Esprit qui avait été promis, lequel est un gage de notre héritage, pour la rédemption de ceux que Dieu s'est acquis, à la louange de sa gloire. » (Ephésiens 1, 13-14)

Paul le souligne davantage dans le livre de Actes : « *Et Dieu, qui connaît les cœurs, leur a rendu témoignage, en leur donnant le Saint-Esprit comme à nous; il n'a fait aucune différence entre nous et eux, ayant purifié leurs cœurs par la foi ».* (Actes 15, 8-9)

Le signe extérieur le plus récurrent de la présence du Saint-Esprit dans une personne est le parler en langues. (Actes 2, 1-4). Lorsqu'on le reçoit, le Saint-Esprit se fait remarquer, d'entrée de jeu, par les dons et après un processus de maturation par le fruit de l'Esprit.

Une chose, en effet, est de recevoir le Saint-Esprit, une autre est de marcher comme Paul le recommande aux Galates.

« Je dis donc: Marchez selon l'Esprit, et vous n'accomplirez pas les désirs de la chair. » (Galates 5, 16)

Marcher désigne, en effet, une manière de vivre adoptée, et dénote obligatoirement une action en progression. Pour l'apôtre Paul, il s'agit-là d'un antidote à l'enseignement judaïsant lequel alléguait que sans la contrainte de la loi, les nouveaux convertis tomberaient dans le péché.

Paul averti de cette intrusion les presse de laisser contrôler leur conduite par l'élan intérieur de l'Esprit. Agir ainsi est le moyen par excellence pour ne pas céder à la puissance intérieure qui entraine au mal.

En effet, vivre selon l'Esprit est un principe qui est un chemin assuré pour vaincre les désirs (pulsions) de la chair.

Marcher selon l'Esprit garantit que nous ne faisons plus comme il nous plairait, c'est-à-dire tomber dans la fausse liberté de l'impulsion charnelle. Mais, plutôt, nous vivons dans la liberté qui triomphe de telles pulsions. Ce n'est pas une liberté qui suit une voie moyenne et incertaine entre les tendances mauvaises et l'obéissance aux règles religieuses, mais une nouvelle voie qui les transcende toutes les deux.

Etre conduit par l'Esprit, ce n'est plus être esclave de la loi. La vie sous la loi (obéissance légaliste) ne peut être introduite dans la vie par l'Esprit (foi et amour). La première implique des règles imposées du dehors, tandis que la deuxième comprend la nouvelle dynamique de l'Esprit qui fait sa demeure en nous. Les deux vies sont séparées par un monde d'implications différentes.

C'est ainsi qu'à l'Eglise de Rome, l'apôtre Paul souligne que c'est l'Esprit qui communique l'assurance de l'adoption et qui rend les croyants capables d'appeler Dieu leur Père.

L'adoption est une position accordée à quelqu'un qui ne l'a pas par nature. C'est la grâce qui est en Christ que les chrétiens bénéficient.

Les Juifs ne connaissaient pas une telle coutume de l'adoption, mais elle était commune aux Romains et aux Grecs. Ainsi, Paul parle des principes de la filiation chrétienne qui fait de Dieu notre Père en Jésus-Christ, par le Saint-Esprit. Cette adoption n'est pas la simple reconnaissance d'un lien officiel, ni d'un simple titre. C'est un fait réel que nous pouvons expérimenter dans notre vie chrétienne.

C'est le Saint-Esprit qui met ceux qui le reçoivent dans un rapport filial avec Dieu, tout semblable à celui que Jésus, leur frère aîné, entretient avec son Père ; il leur communique les privilèges du Fils.

Nous sommes fils, avec le droit de dire « Abba ! Père !», parce que partageant la filiation du Fils éternel, qui est Jésus-Christ.

Par conséquent, la marche selon l'Esprit nous aide à demeurer en Jésus-Christ, à vivre en communion avec Dieu, c'est-à-dire à garder ses commandements, toute sa parole et y conformer toute notre conduite. Il s'agit de suivre Jésus, l'imiter, lui ressembler en toutes choses et en particulier dans cette communion permanente avec Dieu qui a été le principe de sa vie terrestre.

C'est la démonstration évidente que nous sommes en communion avec lui, et que l'amour de Dieu, est véritablement parfait en nous car cet amour seul se plait dans la volonté de Dieu, et seul il peut l'accomplir.

Avantages

Le Saint-Esprit dynamise l'Eglise et accélère sa croissance tant sur le plan spirituel que numérique comme ce fut le cas dans les heures qui suivirent la Pentecôte.

« L'Église était en paix dans toute la Judée, la Galilée et la Samarie, s'édifiant et marchant dans la crainte du Seigneur, et elle s'accroissait par l'assistance du Saint-Esprit. » (Actes 9, 31).

L'homme, qui l'a reçu et qui en est rempli, reçoit de lui des secours et des lumières qui surpassent ceux que le Sauveur a pu accorder pendant sa carrière terrestre (Jean 20, 22   ; Actes 19, 2   10, 47 ; Luc 1, 1 ; Actes 2, 4 4, 48, 31 9, 17 13, 9 ; Jaques 4, 5).

« Après ces paroles, il souffla sur eux, et leur dit : Recevez le Saint-Esprit. » (Jean 20, 22)

Un acte symbolique parce que Jésus souffla sur eux. Le souffle étant traduit de l'hébreu par Esprit (Pneuma). Cet acte montre aussi une réalité dès lors qu'il leur dit : « *Recevez l'Esprit Saint* ». Car au moment où ils recevaient la charge de l'apostolat, les disciples avaient le besoin urgent d'un secours divin qui ranimât leur foi et leur espérance, et leur servit de réconfort jusqu'au jour où ils recevraient la plénitude de l'Esprit.

Ils devaient, en effet, vivre dans l'attente et dans la prière ; ils devaient même prendre de solennelles décisions qui allaient baliser leur marche chrétienne. Ils ne pouvaient donc, dans cet important intervalle, être abandonnés à eux-mêmes et à leur ignorance. C'est à ce besoin que Jésus pourvut, avec sa sollicitude ordinaire.

L'Esprit nous communique des dons spirituels (Kharisma), produits de la grâce divine exprimée visiblement en paroles ou en actes.

« Un seul et même Esprit opère toutes ces choses, les distribuant à chacun en particulier comme il veut. » (1 Corinthiens 12, 11)

Les charismes doivent servir à l'édification de l'Eglise. Ils sont également destinés à convaincre les incroyants et les amener à la conversion (1 Corinthiens 14, 21). Ce sont des occasions de servir de manière spécifique dans le corps du Christ. Chacun doit reconnaître ses dons et ne pas chercher à les dépasser, mais agir dans les limites de ce qui lui est imparti par le Seigneur.

Ils doivent servir à l'édification et au bien de l'Eglise. Tout doit se passer dans l'ordre. L'apôtre Paul dit à ce propos : *«(...) que les femmes se taisent dans les assemblées, car il ne leur est pas permis d'y parler; mais qu'elles soient soumises, selon que le dit aussi la loi. (...) Mais que tout se fasse avec bienséance et avec ordre ».* (1 Corinthiens 14, 34 et 40).

Les dons ont été promis dans l'Ancien Testament (Joël 3,1) et par le Christ (Marc 13, 11 ; Jean 14, 12). Cette promesse a été accomplie le jour de la Pentecôte (Actes 2).

« Et ils furent tous remplis du Saint Esprit, et se mirent à parler en d'autres langues, selon que l'Esprit leur donnait de s'exprimer. » (Actes 2, 4)

Une commune origine unit tous les charismes. Ce qui explique que Paul insiste sur l'unité spirituelle qui doit se manifester dans la diversité des dons (1 Corinthiens 12, 4-11). D'où, le critère fondamental, qui permet de reconnaître le charisme parmi d'autres manifestations prodigieuses qui ne viennent point de Dieu, c'est la glorification du Christ.

« Pour ce qui concerne les dons spirituels, je ne veux pas, frères, que vous soyez dans l'ignorance. Vous savez que, lorsque vous étiez païens, vous vous laissiez entraîner vers les idoles muettes, selon que vous étiez conduits. C'est pourquoi je vous déclare que nul, s'il parle par l'Esprit de Dieu, ne dit: Jésus est anathème! Et que nul ne peut dire : Jésus est le Seigneur! Si ce n'est par le Saint Esprit. » (1 Corinthiens 12-1-3)

En effet, le Saint-Esprit est à l'âme ce que le sang est au corps. Il est une transfusion de vie divine par laquelle l'homme né de nouveau atteint graduellement le plus haut point de son élévation morale et parvient au but suprême de son évolution, en se réalisant dans la communion du Père céleste et à l'imitation de son Créateur.

Par l'Esprit, Dieu demeure en nous. (1 Jean 3, 24 1 Pierre 4, 14). *« Celui qui garde ses commandements demeure en Dieu, et Dieu en lui; et nous connaissons qu'il demeure en nous par l'Esprit qu'il nous a donné. »*

L'Esprit ne s'impose pas mais malheur à qui s'oppose à Lui. *« Hommes au cou raide, incirconcis de cœur et d'oreilles! Vous vous opposez toujours au Saint Esprit. Ce que vos pères ont été, vous l'êtes aussi. »* (Actes 7, 51).

De même, mentir au Saint-Esprit équivaut à une mort instantanée. *« Pierre lui dit : Ananias, pourquoi Satan a-*

t-il rempli ton cœur, au point que tu mentes au Saint Esprit, et que tu aies retenu une partie du prix du champ? » (Actes 5, 3). L'outrager mérite un châtiment pire que la mort : « (…) *de quel pire châtiment pensez-vous que sera jugé digne celui qui aura foulé aux pieds le Fils de Dieu, qui aura tenu pour profane le sang de l'alliance, par lequel il a été sanctifié, et qui aura outragé l'Esprit de la grâce? »* (Hébreux 10, 29)

Maintenant que nous sommes fixés sur la présence et l'intervention du Saint-Esprit au sein de l'Eglise, notre dernier chapitre nous montre comment, en ces temps de la fin marqués par des événements inédits tant sur le plan spirituel, politique, économique, relationnel qu'environnemental, le chrétien peut jouer un rôle déterminant en attendant le retour glorieux de Christ.

Personnellement, j'ai expérimenté l'effusion du Saint-Esprit en 1984 après des enseignements organisés à la Paroisse universitaire protestante de l'Institut supérieur des techniques appliquées (ISTA). Les enseignements terminés, les responsables nous ont imposé les mains laissant la place à un vent de l'Esprit qui nous a transportés dans le parler en langues et d'autres manifestations de sa puissance.

C'était un moment de joie débordante, d'exaltation de l'œuvre du Saint-Esprit et d'un témoignage puissant, notamment sur la nécessité de recevoir Jésus-Christ comme Seigneur et Sauveur pour se préparer à son retour imminent comme les Thessaloniciens.

Pour mon ami et moi, c'était le début d'une grande campagne porte à porte dans le quartier et les cités environnantes.

C'est ainsi que sous le feu de l'Esprit, je n'ai pas hésité à détruire toutes mes cassettes de musique profane, j'ai changé mes lectures et mes distractions. Il brûlait en moi une flamme nouvelle pour l'adoration, la louange, les réunions et veillées de prières très en vogue à l'époque, sans compter les retraites et camps bibliques.

L'effusion du Saint-Esprit m'a permis en peu de temps de revenir à l'essentiel de ma vie. Les longs métrages, matches de football européens, la musique profane, les débats politiques stériles… n'avaient plus de place dans ma vie.

C'était le début d'une aventure merveilleuse avec Christ comme nous le dit 1 Corinthiens 5, 16-17 : « *Ainsi, dès maintenant, nous ne connaissons personne selon la chair; et si nous avons connu Christ selon la chair, maintenant nous ne le connaissons plus de cette manière. Si quelqu'un est en Christ, il est une nouvelle créature. Les choses anciennes sont passées; voici, toutes choses sont devenues nouvelles* ».

CHAPITRE VI

L'action du Saint-Esprit dans les temps de la fin

C'est l'action du Saint-Esprit sur l'Eglise dans l'évangélisation des temps de la fin qui retarde l'avènement du Seigneur Jésus. Car il faut que l'évangile soit prêché à toutes les nations, alors viendra la fin.

« Cette bonne nouvelle du royaume sera prêchée dans le monde entier, pour servir de témoignage à toutes les nations. Alors viendra la fin. » (Matthieu 24, 14)

Une chose est certaine. Le chronomètre de Dieu est très avancé au vu des événements dans le monde pour nous rapprocher du retour de Christ.

Cet événement est fortement redouté dans le monde des ténèbres, car il annonce l'imminence du grand jugement, mais désiré par les enfants de Dieu qui prient pour qu'enfin, après des siècles d'oppression du diable, le règne de Dieu se manifeste sur la terre.

Mais pour détourner le peuple de Dieu de cette attente active, les agents des ténèbres se fabriquent de faux dieux pour apaiser leurs esprits et multiplient de stratégies (jeux, plaisirs,...) pour désorienter les populations de la croyance au sauveur de l'humanité.

Une chose est certaine. Le retour de Christ sera précédé et suivi des événements qui vont bouleverser le monde. Catastrophes naturelles, pandémies, guerres, crises économiques, terrorisme... Tel est le décor de la fin des temps.

Dans ce contexte apocalyptique, l'effusion du Saint-Esprit, le jour de la Pentecôte, a donc accéléré les événements des temps de la fin.

C'est ainsi que prenant la parole devant la foule rassemblée ce jour-là, l'apôtre Pierre a attiré l'attention du peuple sur la nécessité de vivre dans une attitude de repentance et de foi permanente pour ne pas succomber à ces événements, qui doivent nécessairement venir sur le monde.

« Vous entendrez parler de guerres et de bruits de guerres : gardez-vous d'être troublés, car il faut que ces choses arrivent. Mais ce ne sera pas encore la fin. Une nation s'élèvera contre une nation, et un royaume contre un royaume, et il y aura, en divers lieux, des famines et des tremblements de terre. Tout cela ne sera que le commencement des douleurs. Alors on vous livrera aux tourments, et l'on vous fera mourir; et vous serez haïs de toutes les nations, à cause de mon nom. » (Matthieu 24, 6-9)

Car cette période sera marquée par des signes et des jugements redoutables qui précéderont le jour grand et éclatant du Seigneur. Les signes qui l'annonceront auront lieu sur la terre (guerres, incendies, réchauffement climatique...).

Ils auront aussi lieu dans le ciel (chute et ruine des

puissances et des empires). Malgré ces calamités des derniers jours, quiconque invoquera avec confiance le nom du Seigneur sera sauvé.

« Il s'assit sur la montagne des oliviers. Et les disciples vinrent en particulier lui faire cette question: Dis-nous, quand cela arrivera-t-il, et quel sera le signe de ton avènement et de la fin du monde? » (Matthieu 24, 3)

L'exemple des Thessaloniciens

Les Thessaloniciens informés de ces enjeux se sont mis à prendre des dispositions utiles pour être des chrétiens exemplaires et attendre le retour du Seigneur.

« Car on raconte, à notre sujet, quel accès nous avons eu auprès de vous, et comment vous vous êtes convertis à Dieu, en abandonnant les idoles pour servir le Dieu vivant et vrai, et pour attendre des cieux son Fils, qu'il a ressuscité des morts, Jésus, qui nous délivre de la colère à venir. » (1 Thessaloniciens 1, 9-10)

A leur conversion qui a fait de grands échos dans la région, les Thessaloniciens ont reçu l'Esprit d'adoption qui est l'Esprit de Dieu lui-même, qui nous est donné parce que l'Eternel nous adopte et fait ainsi de nous ses enfants.

Thessalonique, en effet, est la capitale de la Macédoine en Grèce. Paul et ses compagnons Silas et Timothée y demeurèrent quelques temps après leur départ de la ville de Philippe au cours de leur deuxième voyage missionnaire.

Bien que confrontée à la persécution, cette jeune église tint ferme et propageait même l'évangile de sa propre initiative. Mais, ils avaient besoin d'éclaircissements sur plusieurs points, notamment la résurrection des morts. Ils craignaient que ceux qui sont morts après le départ de l'apôtre Paul soient désavantagés par rapport à ceux qui seront toujours en vie au retour de Christ.

Au travers de deux Epitres de l'apôtre Paul et par l'action du Saint-Esprit, les Thessaloniciens reçurent l'absolue et inaltérable confiance qui leur était nécessaire pour donner à Dieu, en tout temps, ce nom de Père, sous lequel Jésus l'invoquait pendant sa plus grande détresse.

« L'Esprit lui-même rend témoignage à notre esprit que nous sommes enfants de Dieu. » (Romains 8, 16)

Ce témoignage concorde avec le sentiment filial que notre esprit éprouve et le confirme. L'apôtre Paul montre que Dieu habite en l'homme par son Esprit, le dirige, le sanctifie. Paul parle de « fils » pour montrer l'intimité et la force du lien de vie qui nous unit à Dieu.

Ils ont compris qu'ils ne pouvaient attendre ce grand jour autrement qu'en s'engageant résolument à marcher selon l'Esprit et non plus selon les désirs et les convoitises de leur chair.

« N'attristez pas le Saint-Esprit de Dieu, par lequel vous avez été scellés pour le jour de la rédemption. » (Ephésiens 4, 30)

En effet, le Saint-Esprit est devenu un avec les Thessaloniciens dans une communion réelle et vivante. Il ne pouvait être attristé en eux par le péché. De même que le Fils de Dieu était attristé par les péchés et les souffrances des siens au milieu desquels il vivait, de même l'Esprit de Dieu peut l'être en ceux qu'il anime et sanctifie aujourd'hui.

Pour les prémunir efficacement contre ce péché d'attrister le Saint-Esprit de Dieu, l'Apôtre rappelle à ses frères qu'ils ont été scellés de cet Esprit pour le jour de la rédemption. C'est-à-dire que Dieu commence en eux icibas par son Esprit une œuvre de restauration, de vie nouvelle, qui ne cessera plus d'avancer vers la perfection, jusqu'au jour où ils pourront avoir part à toute la gloire céleste.

L'Esprit demeure en eux, s'identifie à eux, à leur vie ; il n'est plus en eux un hôte étranger, mais comme Esprit de Christ.

« Pour vous, vous ne vivez pas selon la chair, mais selon l'esprit, si du moins l'Esprit de Dieu habite en vous. Si quelqu'un n'a pas l'Esprit de Christ, il ne lui appartient pas. » (Romains 8, 9).

Le Saint-Esprit est devenu humain dans leur âme ; leurs joies sont ses joies, leurs infidélités l'attristent. Mais, le témoignage des Thessaloniciens était qu'ils avaient leurs cœurs tout entiers à Dieu au point qu'ils n'ont pas réfléchi deux fois pour abandonner leurs idoles, les dieux de leurs ancêtres pour croire en Jésus-Christ et recevoir la vie éternelle. Une décision difficile à prendre dans un environnement dominé par le polythéisme.

Au travers de sa présence, Dieu, en effet, nous scelle

du sceau de l'Esprit de Dieu pour la vie éternelle

« En lui vous aussi, après avoir entendu la parole de la vérité, l'Évangile de votre salut, en lui vous avez cru et vous avez été scellés du Saint Esprit qui avait été promis, lequel est un gage de notre héritage, pour la rédemption de ceux que Dieu s'est acquis, à la louange de sa gloire. » (Ephésiens 1, 13-14)

Grâce à la parole de Dieu, les païens convertis ont pu être scellés du Saint-Esprit. Cette parole qui est le moyen tout-puissant que Dieu a utilisé pour agir sur les âmes. Cette bonne nouvelle qui renferme toutes les bénédictions spirituelles et tous les dons de la grâce gratuite de Dieu.

C'est en croyant à cette parole que le nouveau converti reçoit l'Esprit de la promesse, qui régénère et qui est le sceau de Dieu posé sur cette âme devenue sa propriété.

En attendant le retour de Christ, le chrétien peut compter sur ces deux fondements divins et inébranlables de son assurance du salut, les signes de son élection. D'une part, la parole de la vérité, l'évangile du salut, le témoignage de Dieu ; d'autre part, le sceau intérieur de l'Esprit, qui rend témoignage à notre Esprit que nous sommes enfants de Dieu.

En acceptant la parole de Dieu, les Thessaloniciens ont expérimenté l'œuvre entière du salut de l'âme : l'élection éternelle de Dieu le Père, le rachat par le sang de Christ et le sceau et la sanctification de l'Esprit.

C'est ainsi que contrairement aux chrétiens d'autres villes célèbres de l'Asie mineure et de l'Europe, ils ont fait de leur salut une expérience vivante.

Ainsi, dans cette marche, avant que nous ne parvenions à la perfection, Dieu a donné comme gage assuré, l'Esprit saint. C'est le Saint-Esprit qui met cette vie en possession de l'homme, et qui doit mettre l'homme en possession de Dieu dans la vie future.

Pour cela, il ébauche ici-bas les traits par lesquels les enfants sont rendus semblables à leur Père, soutient Quesnel.

En attendant, Dieu nous appelle à la vigilance. « *Veillez donc, puisque vous ne savez ni le jour, ni l'heure.* » (Matthieu 25, 13)

Nous devons entretenir une expérience personnelle de l'amour envers Dieu, une communion intime et vivante avec lui pour éviter que ce jour-là, il nous dise qu'il ne nous « connaît » pas, car nous n'avons pas vécu en relation permanente avec Lui.

C'est là le sens de la salutation particulière de Paul dans sa deuxième lettre aux Corinthiens.

« Que la grâce du Seigneur Jésus Christ, l'amour de Dieu, et la communication du Saint Esprit, soient avec vous tous! » (1 Corinthiens 13, 13)

L'apôtre Paul livre ici la plénitude des bénédictions que les Corinthiens peuvent trouver dans le Dieu trois fois saint et miséricordieux, le Père, le Fils et le Saint-Esprit. Tout pour l'homme pécheur commence par la grâce du Seigneur Jésus–Christ, qui est le pardon de ses péchés, sa réintégration dans la faveur de Dieu et dans l'alliance éternelle de sa grâce.

Tout cela se consomme par la communion vivante du Saint-Esprit, qui, habitant en nous, nous unit avec le Père céleste en Christ et les uns avec les autres. C'est le même Esprit qui nous sanctifie et nous consacre comme des temples du Dieu vivant et véritable.

Comme on le voit, la trinité divine répond dans la vie pratique aux besoins les plus profonds de notre être.

C'est ainsi que l'apôtre Paul affirme que « *le juste droit de la loi* » s'accomplit en ceux qui triomphent de la chair par la puissance de l'Esprit de Christ habitant en eux.

« Ceux, en effet, qui vivent selon la chair, s'affectionnent aux choses de la chair, tandis que ceux qui vivent selon l'esprit s'affectionnent aux choses de l'esprit. Et l'affection de la chair, c'est la mort, tandis que l'affection de l'esprit, c'est la vie et la paix; (…) » (Romains 8, 5-6)

Il prouve cette affirmation, en montrant que la prédominance de la chair ou celle de l'Esprit détermine les dispositions habituelles de l'homme, ses aspirations constantes, par là même tout son état moral et ses rapports avec Dieu.

Plutôt, nous devons comprendre que ce qui est de l'Esprit est esprit. Par conséquent, nous devons marcher selon l'Esprit, nous affectionner aux choses de l'Esprit. C'est le point de départ de la vie chrétienne et de la sanctification.

Les apôtres l'ayant compris ont fait le choix de la prière et de la parole de Dieu au lieu de passer du temps dans les disputes entre communautés nouvellement converties.

En effet, suite à un problème d'organisation, la première communauté chrétienne a failli être emportée par les plaintes entre les Hellénistes (Juifs nés en diverses contrées étrangères ou y ayant résidé) et les Hébreux (Juifs nés et élevés en Palestine et parlant la langue hébraïque ou araméenne). La négligence observée dans la distribution des vivres aux veuves hellénistes allait servir de point de détonation d'une crise aux conséquences incalculables pour l'image de marque de la jeune église.

« C'est pourquoi, frères, choisissez parmi vous sept hommes, de qui l'on rende un bon témoignage, qui soient pleins d'Esprit Saint et de sagesse, et que nous chargerons de cet emploi. Et nous, nous continuerons à nous appliquer à la prière et au ministère de la parole. » (Actes 6, 3-4)

L'affection de l'Esprit doit impacter notre manière de penser et notre volonté. Elle ne produit pas seulement la vie et la paix, elle est déjà la vie et la paix, la vie impérissable dans la communion de Dieu, la paix qui nait du rétablissement de nos relations normales avec Dieu et du plein épanouissement, du fonctionnement harmonieux de toutes nos facultés.

« De même aussi l'Esprit nous aide dans notre faiblesse, car nous ne savons pas ce qu'il nous convient de demander dans nos prières. Mais l'Esprit lui-même intercède par des soupirs inexprimables; et celui qui sonde les cœurs connaît quelle est la pensée de l'Esprit, parce que c'est selon Dieu qu'il intercède en faveur des saints. »   (Romains 8, 26-27)

« Jean aux sept Églises qui sont en Asie: que la grâce et la paix vous soient données de la part de celui qui est, qui était, et qui vient, et de la part des sept esprits qui sont devant son trône, (…) » (Apocalypse 1, 4)

En adressant la parole de la prophétie aux sept églises, l'apôtre Jean met en exergue leur mission spéciale pour préparer le peuple de Dieu à l'apparition finale du Messie, pour le salut de ceux qui s'attendent à Lui et pour l'entier établissement de son règne. Il s'agit ici de l'Esprit de Dieu, de la part de qui Jean souhaite aux églises la grâce et la paix, aussi bien de la part de Dieu le Père et de Jésus-Christ.

Les sept esprits représentent la toute science et la toute présence divine ; ils indiquent la diversité et la plénitude des dons et des opérations du Saint-Esprit.

Le nombre sept n'est pas seulement l'emblème de la plénitude et de la perfection ; formé du nombre trois qui est celui de Dieu, et du nombre quatre, qui symbolise la création, il désigne l'action de Dieu sur le monde, la réconciliation opérée, l'harmonie, la communion rétablies entre Dieu et son œuvre et par la suite, le triomphe parfait du règne de Dieu.

Christ en nous, vivant en nous par son Esprit, est la source de la vie spirituelle actuelle, et sera l'agent de la résurrection de notre corps au dernier jour. Car la mort n'est pas la fin de tout. Elle est simplement une fenêtre qui ouvre notre corps à l'immortalité en Jésus-Christ.

« Lorsque ce corps corruptible aura revêtu l'incorruptibilité, et que ce corps mortel aura revêtu l'immortalité, alors s'accomplira la parole qui est écrite: La mort a été engloutie dans la victoire. » (1 Corinthiens 15, 54)

En effet, le péché, introduit dans le monde par la faute d'Adam, est la cause de la mort du corps ; de même, la justice qui vient de Dieu, la justification saisie par la foi, est la cause de la vie de l'Esprit, c'est-à-dire de l'organe par lequel l'homme entre en rapport avec Dieu et s'approprie la vie divine.

« Et si l'Esprit de celui qui a ressuscité Jésus d'entre les morts habite en vous, celui qui a ressuscité Christ d'entre les morts rendra aussi la vie à vos corps mortels par son Esprit qui habite en vous. » (Romains 8, 11)

L'apôtre Paul présente la doctrine de la résurrection dans un rapport vivant avec le renouvellement spirituel qui s'opère dès ici-bas dans le croyant. Jésus lui-même a été *« déclaré fils Dieu avec puissance selon l'Esprit de sainteté par sa résurrection d'entre les morts »*.

Cet Esprit de sainteté et de vie, qui était en lui, a vaincu la mort, salaire du péché. Ceux qui sont à Jésus par une foi vivante sont faits participants du même Esprit, de l'Esprit de celui qui a ressuscité Jésus d'entre les morts, et ils possèdent ainsi le gage assuré d'une résurrection semblable, bien plus, ils ont déjà la certitude qu'ils triompheront même de la mort du corps, quand le Créateur tout-puissant donnera à cette vie son plein développement, quand il vivifiera nos corps mortels.

Les Thessaloniciens ont compris qu'il fallait neutraliser la chair en le faisant mourir par l'Esprit, c'est-à-dire en obéissant constamment à l'Esprit de Dieu, en le laissant déployer sa puissance dans leur faiblesse. Ils ont refusé de laisser la chair supplanter l'œuvre amorcée par l'Esprit dans leur âme.

« Car tous ceux qui sont conduits par l'Esprit de Dieu sont fils de Dieu. » (Romains 8, 14)

L'Esprit donne à ceux qu'il conduit le sentiment intime, l'inébranlable conviction qu'ils sont fils de Dieu. Eux qui ont décidé de croire en Jésus comme Sauveur et Seigneur. Ils ont placé leur confiance intime en lui qui s'est offert à nous comme Sauveur, devenu le moyen de nous unir à Dieu, de l'embrasser, de le posséder avec toutes les richesses de sa grâce immense qui nous confère « le pouvoir », c'est-à-dire « l'autorité ». Une force morale qu'il nous a communiquée, conséquence de la position nouvelle dans laquelle la foi place le chrétien.

Ainsi, l'Esprit nous met en communion avec Dieu en nous révélant tel qu'il est dans sa sainteté et son amour. C'est Lui qui glorifie le Christ, c'est-à-dire nous met en possession de Lui.

Par conséquent, ces derniers réalisent que l'Esprit est le maître, le pilote qui nous conduit vers l'accomplissement des desseins de Dieu dans notre vie et pour le salut de l'humanité.

Pour en arriver-là, il a fallu passer par la voie obligée de la réconciliation entre Père et fils. C'est la mission qui avait été assignée à Jean-Baptiste envoyé vers un peuple plongé dans le formalisme, le culte purement extérieur et l'orgueil national. Sa mission consistait à combler l'abîme entre le Père et les fils en ramenant les fils à la sincère piété des pères, et en faisant ainsi que le regard des pères puisse, de nouveau, reposer avec satisfaction sur leurs fils.

C'est par ce retour du peuple à ses commencements que Dieu les préparera à une glorieuse fin.

Mais, en prévision de notre rencontre avec Jésus-Christ dans les airs, l'Esprit divin est capable de transformer le corps humain en corps spirituel.

« Voici, je vous dis un mystère: nous ne mourrons pas tous, mais tous nous serons changés, en un instant, en un clin d'œil, à la dernière trompette. La trompette sonnera, et les morts ressusciteront incorruptibles, et nous, nous serons changés. Car il faut que ce corps corruptible revête l'incorruptibilité, et que ce corps mortel revête l'immortalité. » (1 Corinthiens 15, 51-53)

Conclusion

L'effusion du Saint-Esprit est une expérience essentielle dans la vie de chaque enfant de Dieu. Avant Jésus et les Apôtres, Jean-Baptiste l'a souligné pour que les futurs citoyens du royaume de Dieu vivent dans la puissance et la victoire.

Cet ouvrage est un outil que l'Eternel met à notre disposition pour nous aider à vivre l'expérience des chrétiens de l'Eglise primitive et marquer notre époque par des réalisations empreintes de la puissance du Saint-Esprit.

En effet, pour affronter les temps de la fin annoncés par Jésus aux disciples et vaincre les obstacles de toutes sortes tant sur le plan spirituel, familial, économique…, l'Eglise a plus que jamais besoin de vivre l'expérience des premiers disciples.

Mais, pour que l'effusion soit effective, nous avons la responsabilité de la désirer et d'exploiter au maximum le potentiel de dons, talents et fruit que le Saint-Esprit met à notre disposition. Il ne s'agit pas d'une expérience *in vitro*, mais d'une exposition de la puissance de Dieu à travers les nations, comme Pierre et les autres Apôtres l'ont démontré le jour de la Pentecôte.

Si ton ministère va ralentissant faute de feu, le Saint-Esprit est là pour rallumer le zèle et l'ardeur pour la mission envers les nations. Ce n'est pas pour rien que Jésus a rassuré les disciples en leur disant : « *Mais vous recevrez une puissance, le Saint-Esprit survenant sur vous, et vous serez mes témoins à Jérusalem, dans toute la Judée, dans la Samarie, et jusqu'aux extrémités de la terre ». (Actes 1, 8)*

La promesse a été faite pour les Apôtres et pour nous qui vivons les temps de la fin en attendant le retour glorieux du Seigneur dans les airs.

Table des matières

Bibliographies

1. Eric-Ralph Kionga, Metamorphoo
2. Reuben A. Torres, Le Saint-Esprit, Sa Personne et Son Œuvre, édition Héraut, 203 pages

 ## L'auteur

Ecrivain passionné et engagé, il est l'auteur de plusieurs ouvrages. Ce professionnel des médias spécialisé dans les analyses prospectives politiques et économiques est Consultant en communication de plusieurs personnalités, entreprises et institutions publiques et privées.

Diplômé en Management de la presse et en Etudes des audiences médias, il est très connu pour ses interventions pertinentes sur les grandes questions religieuses, politiques et économiques. Ce mentor et coach doublé d'un enseignant de qualité est ministre en charge des Soins pastoraux à Phila-Cité d'exaucement.

Militant de la transition énergétique, il soutient activement le combat en faveur de l'amélioration des conditions de vie et de travail des populations africaines pour contribuer efficacement à la lutte contre la pauvreté et le réchauffement climatique planétaire.

Fort de son background économique, il a travaillé activement pour la restauration de l'image de marque de la Gécamines et la relance du tourisme en République sud-africaine, après la Coupe du monde de football.

I want morebooks!

Buy your books fast and straightforward online - at one of world's fastest growing online book stores! Environmentally sound due to Print-on-Demand technologies.

Buy your books online at
www.morebooks.shop

Achetez vos livres en ligne, vite et bien, sur l'une des librairies en ligne les plus performantes au monde!
En protégeant nos ressources et notre environnement grâce à l'impression à la demande.

La librairie en ligne pour acheter plus vite
www.morebooks.shop

Printed by Books on Demand GmbH, Norderstedt / Germany